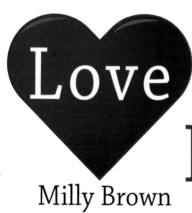

Love

Kittens

Milly Brown

summersdale

LOVE KITTENS

Summersdale Publishers Ltd

46 West Street

Chichester

West Sussex

PO19 1RP

UK

www.summersdale.com

Printed and bound by Tien Wah Press, Singapore

ISBN 13: 978-1-84024-688-9

 Kittens

One day
you will
open
your **eyes**
to a brand
new world

Don't be afraid
to take a new
direction

Who drank all the milk?

Every day is precious

Here comes **trouble**

Happiness is
easy sometimes

All that
glitters is
not **gold**

Follow your **desires**

Take time
to **play**

Best **friends**
stick together

It's the
differences
between us
that make us
special

Good things come in small **packages**

I **know** she only
does this because she
cares

Don't worry if you **stand** out from the **crowd**

Keep
searching
for what you
want

Good **friends**
stay by your
side

Wide eyed in
wonder

You deserve it

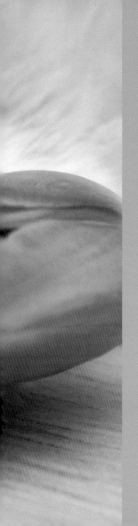

It's exhausting
being this
loveable

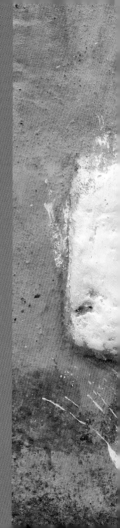

Look before you leap

Snuggle
in your
favourite
jumper

What's all the **fuss** about?

The **gift** of love

Begin a new
journey

Try

something

different

Be **ready** for anything

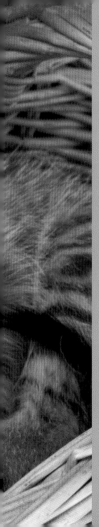

Sweet
dreams

Take on fresh
challenges

There's **safety** in **numbers**

Time for **tea**?

I can **smell** something **cooking**

Those lonely **feelings** will pass

Puss in **boots**

Hold me

Life is full of
colour

It's hard **work**,
but **someone's**
got to do it

It can take **time** to **adapt** to new surroundings

The **smallest** things can be endlessly **fascinating**

Share your **favourite** things with **others**

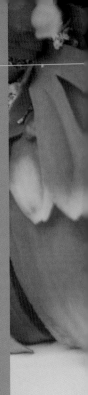

Wake up
and smell the
flowers

Life is an
adventure

Simple needs, **peaceful** mind

Is it a **bird**, is it a plane…?

Find your **place** in the **sun**

Follow your
heart

Quotable Cats

Milly Brown

Quotable Cats

£5.99

ISBN: 978-1-84024-536-3

Thousands of years ago, cats were worshipped as gods. Cats have never forgotten this.

Anonymous

A beautiful photographic book with quotes about cats, this delightful celebration of the world's favourite furry friend is the purrfect gift for every cat-lover.

www.summersdale.com